Paul Celan wurde 1920 in Czernowitz/Bukowina geboren. Nach einem halben Jahr Medizinstudium in Frankreich kehrte er dorthin zurück und begann das Studium der Romanistik. Er erlebte die Besetzung durch russische, deutsche und rumänische Truppen; von 1942 bis 1944 befand er sich im Arbeitslager. Nach dem Krieg arbeitete er als Verlagslektor und Übersetzer in Bukarest, ging dann nach Wien, wo sein erster, von ihm wegen sinnstörender Druckfehler zurückgezogener Gedichtband *Der Sand aus den Urnen* erschien, und 1948 nach Paris. Hier begann er das Studium an der Sorbonne, er schrieb und unterrichtete.

Celans lyrisches Werk umfaßt die Bände *Mohn und Gedächtnis* (1952), *Von Schwelle zu Schwelle* (1955), *Sprachgitter* (1959), *Die Niemandsrose* (1963), *Atemwende* (1967), *Fadensonnen* (1968), *Lichtzwang* (1970) und *Schneepart* (1971). Zum fünften Todestag des Dichters im April 1975 legt der Suhrkamp Verlag die *Gesammelten Gedichte* vor, die in der Bibliothek Suhrkamp in zwei Bänden erscheinen. Celan übersetzte Rimbaud, Alexander Block, Ossip Mandelstam, Paul Valéry, Sergej Jessenin u. a.

Im April 1970 nahm sich Paul Celan, in Paris, das Leben.

insel taschenbuch 132
William Shakespeare
Einundzwanzig Sonette
Deutsch von
Paul Celan

SHAKE-SPEARES

SONNETS.

Neuer before Imprinted.

AT LONDON
By *G. Eld* for *T. T.* and are
to be solde by *Iohn Wright*, dwelling
at Chrift Church gate.
1609.

WILLIAM SHAKESPEARE EINUNDZWANZIG SONETTE DEUTSCH VON PAUL CELAN

*Mit einem Nachwort von
Helmut Viebrock
Insel Verlag*

insel taschenbuch 132
Erste Ausgabe 1975
© Insel Verlag Frankfurt am Main 1967
© des Nachworts Insel Verlag Frankfurt am Main 1975
Alle Rechte vorbehalten
Vertrieb durch den Suhrkamp Taschenbuch Verlag
Umschlag nach Entwürfen von Willy Fleckhaus
Satz: Librisatz, Kriftel · Druck: Ebner, Ulm
Printed in Germany

SHAKE-SPEARES,
SONNETS.

FRom fairest creatures we desire increase,
That thereby beauties *Rose* might neuer die,
But as the riper should by time decease,
His tender heire might beare his memory:
But thou contracted to thine owne bright eyes,
Feed'st thy lights flame with selfe substantiall fewell,
Making a famine where aboundance lies,
Thy selfe thy foe,to thy sweet selfe too cruell:
Thou that art now the worlds fresh ornament,
And only herauld to the gaudy spring,
Within thine owne bud buriest thy content,
And tender chorle makst wast in niggarding:
  Pitty the world,or else this glutton be,
  To eate the worlds due,by the graue and thee.

2

VVHen fortie Winters shall beseige thy brow,
And digge deep trenches in thy beauties field,
Thy youthes proud liuery so gaz'd on now,
Wil be a totter'd weed of smal worth held:
Then being askt,where all thy beautie lies,
Where all the treasure of thy lusty daies;
To say within thine owne deepe sunken eyes,
Were an all-eating shame,and thriftlesse praise.
How much more praise deseru'd thy beauties vse,
If thou couldst answere this faire child of mine
Shall sum my count,and make my old excuse
Proouing his beautie by succession thine,

Thls

I

From fairest creatures we desire increase,
That thereby beauty's rose might never die,
But as the riper should by time decease,
His tender heir might bear his memory:

But thou, contracted to thine own bright eyes,
Feed'st thy light's flame with self-substantial fuel,
Making a famine where abundance lies,
Thyself thy foe, to thy sweet self too cruel:

Thou that art now the world's fresh ornament
And only herald to the gaudy spring,
Within thine own bud buriest thy content,
And, tender churl, mak'st waste in niggarding:

Pity the world, or else this glutton be —
To eat the world's due, by the grave and thee.

I

Was west und schön ist, du erhoffst ein Mehr
von ihm: die Rose Schönheit soll nicht sterben.
Und gibt sie, die gezeitigte, die Krone her,
so wahre, was sie war, ihr zarter Erbe.

Doch du, ins eigne Auge eingeengt,
verbrauchst dich selbst, daß deine Flamme loht,
du darbst und hungerst, überreich beschenkt,
und bist, der dich am grausamsten bedroht.

Kein Schmuck wie du, den sich ein Jahr je gab;
kein solcher Herold seiner Farbenfreuden;
doch du: die eigne Knospe ist dein Grab,
ein einzig Knausern bist du im Vergeuden.

Denk an die Welt und was ihr Erbteil ist,
du, der du dich nicht sattgräbst und es frißt.

II

When forty winters shall besiege thy brow,
And dig deep trenches in thy beauty's field,
Thy youth's proud livery, so gaz'd on now,
Will be a totter'd weed of small worth held:

Then being ask'd where all thy beauty lies,
Where all the treasure of thy lusty days,
To say within thine own deep sunken eyes
Were an all-eating shame, and thriftless praise.

How much more praise deserv'd thy beauty's use
If thou couldst answer: ›This fair child of mine
Shall sum my count, and make my old excuse‹, —
Proving his beauty by succession thine!

This were to be new made when thou art old,
An see thy blood warm when thou feel'st it cold.

II

Wenn vierzig Winter deine Stirn umdrängen,
der Schönheit Flur voll Furchen steht, verheert,
und deiner Jugend Kleid, dran soviel Augen hängen,
ist Plunder, Kram, und keinen Groschen wert,

wirst, da sie dich nach ihr, der Schönheit, fragen,
nach all der Tage und der Schätze Ort,
du dies: »Beim eingesunknen Auge« sagen?
So spräche Scham, ein Unwort wär dies Wort.

Ein Wort sprächst du, der Schönheit angemessen,
indem du sprächst: »Mein ists, dies schöne Kind.
Es setzt mich fort, ich bin, bin unvergessen.
Seht, wie die Schönheit mit ihm neu beginnt.«

So wärst du, altgeworden, nimmer alt.
Wer sagt, dein Blut verebbe? Nein, es wallt.

III

Look in thy glass, and tell the face thou viewest
Now is the time that face should form another,
Whose fresh repair if now thou not renewest
Thou dost beguile the world, unbless some mother.

For where is she so fair whose unear'd womb
Disdains the tillage of thy husbandry?
Or who is he so fond will be the tomb
Of his self-love to stop posterity?

Thou art thy mother's glass, and she in thee
Calls back the lovely April of her prime;
So thou through windows of thine age shalt see
Despite of wrinkles this thy golden time.

But if thou live remember'd not to be,
Die single, and thine image dies with thee.

III

Sieh in den Spiegel, sprich zum Bild darin:
»Zeit für dich, Bild, dich abermals zu prägen.«
Betrüg die Erde nicht um ihren Sinn,
betrüg die Mutter nicht um ihren Segen.

Wo wäre eine, die veröden wollt,
kämst du daher, ihr Feld zu pflügen?
Liebst du dich so? Das Grab so? Sollt
dir dies: dein eigen Ende sein, genügen?

Ihr, deiner Mutter, bist der Spiegel du:
der Jahre Grün, hier sucht sie's, die Ergraute.
Bald decken Runzeln dir die Fenster zu:
dann suchst auch du den Himmel, der dir blaute.

Doch führst du dies: Vergessenheit, im Schilde:
stirb ungepaart, allein — und mit dem Bilde.

IV

Unthrifty loveliness, why dost thou spend
Upon thy self thy beauty's legacy?
Nature's bequest gives nothing, but doth lend,
And being frank she lends to those are free:

Then, beauteous niggard, why dost thou abuse
The bounteous largess given thee to give?
Profitless usurer, why dost thou use
So great a sum of sums, yet canst not live?

For having traffic with thyself alone,
Thou of thyself thy sweet self dost deceive:
Then how when nature calls thee to be gone —
What acceptable audit canst thou leave?

Thy unus'd beauty must be tomb'd with thee,
Which usèd lives th'executor to be.

IV

Anmut, verschwenderische du, bedenk:
du darfst dein Teil nicht ganz an dich verschwenden.
Schönheit — Vermächtnis ist sie, nicht Geschenk;
sie kommt aus offner Hand — zu offnen Händen.

Mißbrauche nicht, was dich so reich bedacht.
Du Schön-und-Geizig, gib, was dir gegeben.
Du hast und hast — und hasts dahin gebracht:
bei allem Wuchern reichts dir nicht zum Leben.

Welch einen Handel treibst du mit dir, sag?
Dein eigen Ich, von dir wirds hintergangen.
Denk an die Rechnung, denke an den Tag,
da dir sie die Natur wird abverlangen.

Die Schönheit, ungenutzt: mit dir muß sie verwesen.
Doch nutzt du sie, sie wird, was bleibt, verwesen.

V

Those hours that with gentle work did frame
The lovely gaze where every eye doth dwell
Will play the tyrants to the very same,
And that unfair which fairly doth excel:

For never-resting time leads summer on
To hideous winter and confounds him there,
Sap check'd with frost, and lusty leaves quite gone,
Beauty o'ersnow'd and bareness everywhere:

Then were not summer's distillation left
A liquid prisoner pent in walls of glass,
Beauty's effect with beauty were bereft,
Nor it nor no remembrance what it was.

But flowers distill'd, though they with winter meet,
Leese but their show: their substance still lives sweet.

V

Sie, die den Blick, auf dem die Blicke ruhn,
geformt, gewirkt aus Zartestem: die Stunden —:
sie kommen wieder, Anderes zu tun:
was sie begründet, richten sie zugrunde.

Ist Sommer? Sommer *war*. Schon führt die Zeit
den Wintern und Verfinstrungen entgegen.
Laub grünte, Saft stieg ... Einstmals. Überschneit
die Schönheit. Und Entblößtes allerwegen.

Dann, blieb der Sommer nicht als Sommers Geist
im Glas zurück, verflüssigt und gefangen:
das Schöne wär nicht, wäre sinnverwaist
und unerinnert und dahingegangen.

Doch so, als Geist, gestaltlos, aufbewahrt,
west sie, die Blume, weiter, winterhart.

XLIII

When most I wink, then do mine eyes best see,
For all the day they view things unrespected;
But when I sleep, in dreams they look on thee,
And darkly bright are bright in dark directed:

Then thou whose shadow shadows doth make bright,
How would thy shadow's form form happy show
To the clear day with thy much clearer light,
When to unseeing eyes thy shade shines so!

How would, I say, mine eyes be blessèd made
By looking on thee in the living day,
When in dead night thy fair imperfect shade
Through heavy sleep on sightless eyes doth stay!

All days are nights to see still I see thee,
And nights bright days when dreams do show thee me.

XLIII

Mein Aug, wenns zu ist, siehts, wie's sonst nicht sieht,
denn tags, da siehts vorbei an Tagesdingen;
doch gehts durchs Dunkel, so ists hell und glüht,
und geht, das schläft und träumt, dich mir zu bringen.

Du, dessen Schatten Schatten hell durchwebt,
wie würde er als Körper erst gestalten,
wie wär der Tag durch Helleres belebt,
wenn schon im Schatten Helligkeiten walten!

Und wie mein Auge erst beseligt wär,
könnts am lebendgen Tage dich gewahren!
In toter Nacht, ein Schemen, tratst du her,
dem Schlafend-Blinden dich zu offenbaren.

Nacht aller Tag, da ich dich nicht erblickt.
Tag alle Nacht, da dich der Traum mir schickt.

L

How heavy do I journey on the way,
When what I seek (my weary travel's end)
Doth teach that ease and that repose to say:
›Thus far the miles are measur'd from thy friend.‹

The beast that bears me, tirèd with my woe,
Plods dully on to bear that weight in me,
As if by some instinct the wretch did know
His rider lov'd not speed being made from thee:

The bloody spur cannot provoke him on
That sometimes anger thrusts into his hide,
Which heavily he answers with a groan
More sharp to me than spurring to his side;

For that same groan doth put this in my mind:—
My grief lies onward and my joy behind.

L

Wie ist mir Reisendem der Weg erschwert,
da, was ich such — ein Ziel der Reise hier —,
mich solche Rast und solche Ruhe lehrt:
Um soviel Meilen ferner nur von dir.

Das mich da trägt, das Tier, es fand sich drein,
trabt schmerzbeladen, trägt die innre Last,
als flüsterte ein Trieb dem Armen ein,
daß du, sein Reiter, keine Eile hast.

Den blutgen Sporn nimmt es gelassen hin,
den ich es fühlen laß in meinem Zorn.
Mit einem Stöhnen, so erwiderts ihn;
das trifft mich schärfer als das Tier der Sporn.

Denn mit dem Stöhnen der Gedanke kam:
ich ließ die Freude und ich folg dem Gram.

LVII

Being your slave, what should I do but tend
Upon the hours and times of your desire?
I have no precious time at all to spend,
Nor services to do, till you require.

Nor dare I chide the world-without-end hour
Whilst I, my sovereign, watch the clock for you,
Nor think the bitterness of absence sour
When you have bid your servant once adieu;

Nor dare I question with my jealous thought
Where you may be, or your affairs suppose,
But like a sad slave stay and think of nought
Save where you are how happy you make those.

So true a fool is love that in your will,
Though you do anything, he thinks no ill.

LVII

Da ich dein Sklave bin, was kann ich tun, als deinen
Wünschen entgegenharrn die Stunden lang, die Tage?
Die Zeit, die kostbarste, ist mir wie irgendeine.
Und Dienste? Keinerlei, eh du's mir aufgetragen.

Die Fristen, weltenlang, ich wag sie nicht zu schelten,
wenn ich, mein Herr und Fürst, verfolg der Zeiger Kreisen.
Abwesenheit — sie kann mir nimmer bitter gelten,
wenn du das Abschiedswort gesprochen vor der Reise.

Kein Fragen kommt mich an, kein eifersüchtig Denken
an deinen Aufenthalt, das Fernsein, die Geschäfte.
Doch muß an jene dort, an die von dir Beschenkten,
dein trauriger, dein Knecht die leeren Blicke heften.

Solch treuer Narr ist Liebe: nimmer sieht
sie Arg in deinem Tun — was auch geschieht.

LX

Like as the waves make towards the pebbled shore,
So do our minutes hasten to their end;
Each changing place with that which goes before,
In sequent toil all forwards do contend.

Nativity, once in the main of light,
Crawls to maturity, wherewith being crown'd,
Crookèd eclipses 'gainst his glory fight,
And Time that gave doth now his gift confound.

Time doth transfix the flourish set on youth,
And delves the parallels in beauty's brow,
Feeds on the rarities of nature's truth;
And nothing stands but for his scythe to mow.

And yet to times in hope my verse shall stand,
Praising thy worth, despite his cruel hand.

LX

Gleichwie die Welle strand- und kieselwärts,
so, ihrem Ende zu, enteilen uns die Stunden.
In steter Mühsal und nach vorne zerrts;
die kommt dahergerollt, und jene ist entschwunden.

Geburt, ins volle Licht gerückt, sie kraucht
zur Reife hin; und so, gekrönt, umglänzt noch eben,
wird sie in schiefe Finsternis getaucht,
und sie, die Zeit, zerstört, was sie, die Zeit, gegeben.

Der Jugend Blust: die Zeit durchbohrt ihn, gräbt
der Stirn der Schönheit ein die Zeilen und die Zeichen;
von allem Seltnen der Natur sie lebt;
und was da bleibt und steht, die Schnittrin wirds erreichen.

Grausam die Hand, die sie, die Zeit, erhoben;
doch er, mein Vers, bleibt stehen, dich zu loben.

LXV

Since brass, nor stone, nor earth, nor boundless sea,
But sad mortality o'ersways their power,
How with this rage shall beauty hold a plea,
Whose action is no stronger than a flower?

Oh how shall summer's honey breath hold out
Against the wrackful siege of battering days,
When rocks impregnable are not so stout,
Nor gates of steel so strong but time decays?

Oh fearful meditation! where, alack,
Shall Time's best jewel from Time's chest lie hid?
Or what strong hand can hold his swift foot back?
Or who his spoil of beauty can forbid?

Oh none, unless this miracle have might —
That in black ink my love may still shine bright.

LXV

Nicht Erz, nicht Stein, nicht Erde, nicht die See:
sie trotzen nicht der Sterblichkeit Gewalten.
Und sie, die Schönheit, soll dagegenstehn?
Sie, eine Blume, soll hier Kraft entfalten?

Des Sommers Honig-Atem, hält er stand?
Die Tage kommen tobend angeritten.
Zeit-und-Verfall! Du trotzt nicht, Felsenwand.
Und Tore, ehern, ihr steht nicht inmitten.

Der Zeit Juwel — nein, du bewahrsts nicht auf:
mit eigner Truhe kommt die Zeit geschritten.
Und welche Hand hält ihre Füße auf?
Sie raubt die Schönheit — wer wills ihr verbieten?

Nein, keiner! Nie! Es sei denn, dies trifft zu:
Aus meiner Tinte Schwarz, draus leuchtest du.

LXX

That thou art blam'd shall not be thy defect,
For slander's mark was ever yet the fair:
The ornament of beauty is suspéct —
A crow that flies in heaven's sweetest air.

So thou be good, slander doth but approve
Thy worth the greater, being woo'd of time;
For canker vice the sweetest buds doth love,
And thou present'st a pure unstainèd prime.

Thou hast pass'd by the ambush of young days,
Either not assail'd, or victor being charg'd;
Yet this thy praise cannot be so thy praise,
To tie up envy, evermore enlarg'd:

If some suspéct of ill mask'd not thy show,
Then thou alone kingdoms of hearts shouldst owe.

LXX

Nicht an dir liegts, daß sie dich schmähn und schmähen:
kaum zeigt sich Reines, schon wirds schlechtgemacht.
Wo Himmel blaun, da fliegen bald die Krähen.
Der Schönheit Zierde: Argwohn und Verdacht.

Verlästert du, geliebt auch von den Tagen:
ist Güte dein, dies alles mehrt sie bloß.
Die Knospe duftet und der Wurm muß nagen;
du bist ein Erstling und bist makellos.

Die vielen Hinterhalte schon in jungen Jahren:
du gingst hindurch, zuweilen siegtest du.
Dies ist dein Ruhm, der so wie keiner klare, —
den Mund der Neider schließt auch er nicht zu.

Du, müßtest du nicht so: beargwöhnt, sein,
im Reich der Herzen herrschtest du allein.

LXXI

No longer mourn for me when I am dead
Than you shall hear the surly sullen bell
Give warning to the world that I am fled
From this vile world with vilest worms to dwell:

Nay, if you read this line, remember not
The hand that writ it, for I love you so
That I in your sweet thoughts would be forgot
If thinking on me then should make you woe.

Oh if, I say, you look upon this verse
When I perhaps compounded am with clay,
Do not so much as my poor name rehearse,
But let your love even with my life decay;

Lest the wise world should look into your moan,
And mock you with me after I am gone.

LXXI

Du sollst, bin ich hinweg, so lang nur klagen,
als du die Glocke hörst, die düstere, vom Turm;
so lange, als sie braucht, der Welt zu sagen:
Der bei dir wohnte, ging und wohnt beim Wurm.

Dies schreibe ich, doch du, hast du's gelesen,
vergiß, wers schrieb. Denn sieh, ich liebe dich:
ich wollt, ich wäre nie in deinem Sinn gewesen,
wenn, da du mein gedenkst, dich Gram beschlich'.

Du laß, ruht einst dein Blick auf diesen Worten,
derweil ich Staub bin, Staub bin und nicht mehr,
die Liebe werden, was auch ich geworden,
und meinen Namen, sag ihn nicht mehr her:

Die Welt, klugäugig, sucht schon deine Tränen,
mich, da ich fort bin, mit dir zu verhöhnen.

LXXIX

Whilst I alone did call upon thy aid,
My verse alone had all thy gentle grace;
But now my gracious numbers are decay'd,
And my sick Muse doth give another place.

I grant, sweet love, thy lovely argument
Deserves the travail of a worthier pen;
Yet what of thee thy poet doth invent
He robs thee of, and pays it thee again:

He lends thee virtue, and he stole that word
From thy behaviour; beauty doth he give,
And found it in thy cheek: he can afford
No praise to thee but what in thee doth live.

Then thank him not for that which he doth say,
Since what he owes thee thou thyself dost pay.

LXXIX

Als ich um Hilfe zu dir kam, allein,
da warst du meinem Vers allein gewogen.
Doch jetzt, da will mein Vers kein Vers mehr sein,
die Muse, siech, ist fort-, ist fortgezogen.

Was deiner würdig wär, ich weiß, das sollt
nicht dieser Feder Werk sein. Doch es hatte,
was er erfand, der Geist aus dir geholt.
Der Dichter nahms, es wiederzuerstatten.

Er leiht dir Tugend. Dieses Wort, er stahls
dir, deinem Sein. Er kann dir Schönheit geben:
sie stammt von dir — er raubte, abermals.
Er rühmt und preist: er tauchte in dein Leben.

So dank ihm nicht für seiner Worte Reihn:
was er dir schuldet, es ist dein und dein.

XC

Then hate me when thou wilt, — if ever, now —
Now, while the world is bent my deeds to cross,
Join with the spite of Fortune, make me bow,
And do not drop in for an after-loss:

Ah do not, when my heart hath 'scap'd this sorrow,
Come in the rearward of a conquer'd woe;
Give not a windy night a rainy morrow,
To linger out a purpos'd overthrow.

If thou wilt leave me, do not leave me last,
When other petty griefs have done their spite,
But in the onset come: so shall I taste
At first the very worst of Fortune's might; —

And other strains of woe, which now seem woe,
Compar'd with loss of thee will not seem so.

XC

Mußt du mich hassen, haß mich ungesäumt,
gesell der Welt dich zu, die mir den Weg vertritt,
groll mit dem Schicksal, beug ihn, der sich bäumt,
und sei nicht du das Letzte, das entglitt.

Mein Herz, es trauert — trauerts frei sich, dann
triff nicht auch du's noch, aus dem Hinterhalt.
Die Nacht ist windig — bricht ein Tag noch an,
so schwärz ihn nicht mit Wolken vorgeballt.

Sinnst du auf Gehn, so geh denn, eile dich,
wart nicht erst diesen ab und jenen Stoß.
Mach du den Anfang! Daß als ersten ich
der Schläge schwersten fühl, die da mein Los.

Dann schweigt, was Schmerz noch scheint, halt ich ihm vor,
was ich verloren, da ich dich verlor.

CV

Let not my love be call'd idolatry,
Nor my belovèd as an idol show,
Since all alike my songs and praises be
To one, of one, still such, and ever so.

Kind is my love today, tomorrow kind,
Still constant in a wondrous excellence;
Therefore my verse, to constancy confin'd,
One thing expressing, leaves out difference.

›Fair, kind, and true‹ is all my argument —
›Fair, kind, and true‹ varying to other words;
And in this change is my invention spent —
Three themes in one, which wondrous scope affords.

›Fair, kind, and true‹ have often liv'd alone,
Which three till now never kept seat in one.

CV

Ihr sollt, den ich da lieb, nicht Abgott heißen,
nicht Götzendienst, was ich da treib und trieb.
All dieses Singen hier, all dieses Preisen:
von ihm, an ihn und immer ihm zulieb.

Gut ist mein Freund, ists heute und ists morgen,
und keiner ist beständiger als er.
In der Beständigkeit, da bleibt mein Vers geborgen,
spricht von dem Einen, schweift mir nicht umher.

»Schön, gut und treu«, das singe ich und singe.
»Schön, gut und treu« — stets anders und stets das.
Ich find, erfind — um sie in eins zu bringen,
sie einzubringen ohne Unterlaß.

»Schön, gut und treu« so oft getrennt, geschieden.
In Einem will ich drei zusammenschmieden.

CVI

When in the chronicle of wasted time
I see descriptions of the fairest wights,
And beauty making beautiful old rhyme
In praise of ladies dead and lovely knights,

Then in the blazon of sweet beauty's best —
Of hand, of foot, of lip, of eye, of brow —
I see their ántique pen would have express'd
Even such a beauty as you master now.

So all their praises are but prophecies
Of this our time, all you prefiguring;
And for they look'd but with divining eyes
They had not skill enough your worth to sing:

For we which now behold these present days,
Have eyes to wonder, but lack tongues to praise.

CVI

Wenn in der Chronik abgelebter Zeit
die schönsten Wesen mir vors Auge kamen,
und Schönheit schön die alten Reime reiht
zu artger Ritter Lob, verstorbner Damen,

dann sah ich da, wo Schön am schönsten war:
es wollt der alte Kiel sie alle zeigen,
Hand, Fuß und Lippe, Aug und Brauenpaar,
in einer Schönheit ganz wie sie dir eigen.

So ist ihr Lob ein einzig Prophezein
auf unsre Zeit und ein Dich-Vorgestalten.
Es konnt ihr Blick ein ahnender nur sein
und reicht nicht aus, dich vollends festzuhalten.

Selbst uns hier heut, den Zeugen deiner Gegenwart:
ein Aug, das staunt, kein Mund, der preist, gegeben ward.

CVII

Not mine own fears, nor the prophetic soul
Of the wide world dreaming on things to come,
Can yet the lease of my true love control,
Suppos'd as forfeit to a cónfin'd doom.

The mortal moon hath her eclipse endur'd,
And the sad augurs mock their own presage;
Incertainties now crown themselves assur'd,
And peace proclaims olives of endless age.

Now with the drops of this most balmy time
My love looks fresh; and Death to me subscribes,
Since spite of him I'll live in this poor rhyme
While he insults o'er dull and speechless tribes:

And thou in this shalt find thy monument
When tyrants' crests and tombs of brass are spent.

CVII

Nicht Angst, mir eigen, nicht der weltenweiten
Wahrträume Sinn für Dinge, die da kommen, kann
bemessen meiner Liebe Fristen oder Zeiten,
entgrenzt und unverwirkt ist sie, in niemands Bann.

Der Mond, der sterbliche, verschattete: er blinkt!
Augurenwort, dir war Augurenspott beschieden.
Das Schwankende von einst? Gekrönt und unbedingt.
Und mit dem alterslosen Ölzweig kommt der Frieden.

Umbalsamt, meine Liebe, bist du, bist umtaut
von frischer Zeit — kein Tod, dich fortzuschwemmen.
Ich lebe, ihm zum Trotz, im Reim, den ich gebaut,
derweil er dumpfen grollt und sprachelosen Stämmen.

Und du: in diesem hier, da steht es noch, dein Bild,
wenn Gräbererz verwittert und Tyrannenschild.

CXV

Those lines that I before have writ do lie,
Even those that said I could not love you dearer:
Yet then my judgment knew no reason why
My most full flame should afterwards burn clearer.

But reckoning Time, whose million'd accidents
Creep in 'twixt vows, and change decrees of kings,
Tan sacred beauty, blunt the sharp'st intents,
Divert strong minds to the course of altering things, —

Alas! why, fearing of Time's tyranny,
Might I not then say, ›Now I love you best‹,
When I was certain o'er incertainty,
Crowning the present, doubting of the rest?

Love is a babe: then might I not say so,
To give full growth to that which still doth grow.

CXV

Wie log ich, als ich schrieb, ich würde dich
zu keiner Zeit noch heißer lieben können.
Ich sah nicht, wie das volle Feuer sich
noch steigern sollte, brünstiger entbrennen.

Doch frißt die Zeit in Eid und Schwur sich ein,
ihr Zufall löst, was Königsworte waren,
stumpft Plan und Ziel, und stumpft der Schönheit Schein,
lenkt starken Sinn hinweg zum Wandelbaren.

»Nie liebt ich dich wie jetzt«: darf ich nicht, da
ich mich vor ihr, der Zeit, fürcht, solches sagen?
Daß nichts Bestand hat, ach, ich weiß es ja.
Ich krön das Heute! Zweifl' an weitern Tagen!

Die Liebe ist ein Kind, das wächst. Ich ließ
sie reif sein, ganz, — ich durfte dies!

CXVI

Let me not to the marriage of true minds
Admit impediments: love is not love
Which alters when it alteration finds,
Or bends with the remover to remove.

Oh no! it is an ever-fixèd mark
That looks on tempests and is never shaken;
It is the star to every wandering bark,
Whose worth's unknown although his height be taken.

Love's not Time's fool, though rosy lips and cheeks
Within his bending sickle's compass come;
Love alters not with his brief hours and weeks,
But bears it out even to the edge of doom.

If this be error and upon me prov'd,
I never writ, nor no man ever lov'd.

CXVI

Ich laß, wo treue Geister sich vermählen,
kein Hemmnis gelten. Liebe wär nicht sie,
wollt sie, wo Wandlung ist, die Wandlung wählen;
noch beugt sie vor dem Beugenden die Knie.

O nein, sie steht, ein unverrückbar Zeichen,
sie sieht über die Stürme weg, sie währt;
sie ist der Barke Stern, hoch, ohnegleichen —:
die Höh — ermessen, unbekannt sein Wert.

Legt sie, die Sichel, sich auch um die Wangen,
die rosigen — Lieb' ist kein Narr der Zeit.
Nicht können Stunden, Wochen sie belangen;
der Jüngste Tag, er findet sie bereit.

So ich dies hier als Wahn erwiesen seh,
so schrieb ich nie und keiner liebte je.

CXIX

What potions have I drunk of Siren tears
Distill'd from limbecks foul as hell within,
Applying fears to hopes and hopes to fears,
Still losing when I saw myself to win!

What wretched errors hath my heart committed
Whilst it hath thought itself so blessèd never!
How have mine eyes out of their spheres been fitted
In the distraction of this madding fever!

Oh, benefit of ill! now I find true
That better is by evil still made better,
And ruin'd love when it is built anew
Grows fairer than at first, more strong, far greater.

So I return rebuk'd to my content,
And gain by ills thrice more than I have spent.

CXIX

All die Sirenentränen, die ich trank,
aus Kolben höllisch-faulig destilliert!
Die Bangnis — Hoffnung, und die Hoffnung — bang.
Der zu gewinnen meinte, er verliert.

Hat je mein Herz sich seliger gedacht?
Und frevelt' nur, und irrte ohne End.
Mein Aug, aus seiner Bahn ward es verbracht —
dies Fieber, wahnhaft, das da brennt und trennt!

Gewinn des Übels! Bessres wird, ich merk,
durch Übel besser noch, als es je war.
Verfallne Liebe, geh hier neu ans Werk,
und sie ersteht dir, stärker, wunderbar.

Getadelt kehr ich heim woher ich kam,
und Übel schenkt mir dreifach, was es nahm.

CXXXVII

Thou blind fool, Love, what dost thou to mine eyes,
That they behold, and see not what they see?
They know what beauty is, see where it lies,
Yet what the best is take the worst to be.

If eyes corrupt by over-partial looks
Be anchor'd in the bay where all men ride,
Why of eyes' falsehood hast thou forgèd hooks
Whereto the judgment of my heart is tied?

Why should my heart think that a several plot
Which my heart knows the wide world's common place?
Or mine eyes, seeing this, say this is not,
To put fair truth upon so foul a face?

In things right true my heart and eyes have err'd,
And to this false plague are they now transferr'd.

CXXXVII

Narrsts Aug mir, Blindling Liebe, fort und fort!
Es schaut, nimmt wahr — sieht nicht, was es gewahrt,
erkennt die Schönheit, sieht der Schönheit Ort,
siehts Beste — hälts für dessen Widerpart.

Verschautes Aug, solls nun vor Anker gehn
in jener Bucht, wo festmacht alle Welt:
mußt, Liebe, Trug zum Haken schmieden, den
das Herz fühlt, wenn es Herzensurteil fällt?

Kanns dies sein eigen nennen, da es sah:
Allmend ist diese Flur und nimmer sein?
Mein Aug, dies schauend, sagts, dies sei nicht da?
Läßts wahr sein, schön, und weiß: es ist gemein?

Mein Herz, mein Aug: verirrt im Wahren, beide,
und heimgesucht nun von dem Lügen-Leide.

Nachwort
Helmut Viebrock

I.
Über Sonette im allgemeinen, die Shakespeares im besonderen, mit einem Vorblick auf Celans Nachdichtungen.

Am Anfang jeder Beschäftigung mit dem Sonett steht die verwunderte Frage, wem wohl, warum, wo und wann zuerst diese eigentümliche vierzehnzeilige Gedichtform einfiel. Am Ende hingegen steht die Frage, ob es mit dieser Gattung, dieser Gestalt, dieser poetischen Gepflogenheit wohl wirklich zu Ende sei oder gehe.

Wenn Giacomo da Lentino, der älteste und berühmteste sizilianische Trovatore, die Form des Sonetts erfunden hat — oder »gefunden«, wie Walter Mönch in seiner Sonett-Monographie behauptet (Walter Mönch, *Das Sonett. Gestalt und Geschichte.* Heidelberg, 1955) —, dann liegt die Geburt des Sonetts in der Zeit zwischen 1215 und 1233, ist der Ort die Sizilianische Dichterschule des *dolce stil nuovo* am Hofe Friedrichs II., des kunstliebenden Staufenkaisers, der mit seinen Söhnen selber dieser neuen Dichtart pflog. Deren Schöpfer — dies das soziologisch Interessante — waren nicht Ritter oder Poeten, sondern Gelehrte, genauer: Juristen. (Das Interessante — nicht Überraschende: Shakespeares Zeit, die Zeit der Tudor-Monarchie in England, zeigt, wie eng juristische Bildung und literarisches Interesse miteinander verschwistert sein können.)

Die Totsagung des Sonetts als einer längst überholten feudalen Spielerei führt indessen über die literarkritische Autopsie alsbald zu seiner Wiedererweckung. Denn nicht

nur lebt es in der parodistischen Selbstreflexion, es lebt
in entschiedener Weise in experimentierenden Sonetten
wie dem von e. e. cummings aus dem Jahre 1943, in dem
es, zweifellos die Reihung von Brüchen seiner Urgestalt,
ein Stück — oder bewußtes Stückwerk — aktueller Welt-
und Wirklichkeitserfahrung ist:

e. e. cummings
mitleid fürs emsige ungeheuer unmenschheit

mitleid fürs emsige ungeheuer, unmenschheit?
nein. fortschritt ist ein bequemes übel:
das opfertier (sicher jenseits von tod und leben)
spielt mit der größten seiner eignen kleinheit
— rasierklingen werden vermittels elektronen
zu bergmassiven vergottet; linsen zerdehnen
den unwunsch durch das wo-wenn bis der unwunsch
in sein unselbst zurückfällt.
                                  welt des gemachten
ist nicht gebor'nes — bemitleide armes fleisch
und bäume, arme sterne, steine, doch nie dies
prachtexemplar von wahrhaft hypermagischer
ultraomnipotenz. wir ärzte kennen
den hoffnungslosen fall, wenn — hört mal, da ist
'ne verdammt gute welt gleich nebenan; auf, hin.

pity this busy monster, manunkind

pity this busy monster, manunkind,
not. Progress is a comfortable disease:

your victim (death and life safely beyond)
plays with the bigness of his littleness
— electrons deify one razorblade
into a mountainrange; lenses extend
unwish through curving wherewhen till unwish
returns in its unself.
          A world of made
is not a world of born — pity poor flesh
and trees, poor stars and stones, but never this
fine specimen of hypermagical
ultraomnipotence. We doctors know
a hopeless case if — listen: there's a hell
of a good universe next door; let's go.

(in Herrig/Meller/Sühnel, *British and American Classical Poems*. Braunschweig: Georg Westermann, 1966, S. 152) Dies experimentelle, im Experimentieren exemplarische Sonett, das gegen den technischen Fortschritt protestiert — ein Protest-Sonett! —, das trotz Preisgabe vieler sonettkonstituierenden Züge doch einige wesentliche bewahrt (die vierzehn Zeilen, den jambischen Fünfheber, Reim, wenn auch unrein-assoziierenden, eine Wendung des Gedankens), zeigt, daß die kleine strenge Form durchaus noch große Spann- und Sprengkraft, auch heute noch, besitzt. Deshalb gilt: Le sonnet est mort, vive le sonnet!
An welchem Punkt aber nun auch immer das Problem des Sonetts ergriffen wird, ob am Anfang oder am derzeitigen Ende seiner Geschichte im Bereiche literarischer Formen und Formkräfte, immer drängt sich die verwunderte Frage auf, wie es denn überhaupt möglich war und ist, daß in dieser engen, geschlossenen, rigoros auf vier-

zehn Zeilen beschränkten Form immer wieder drängendes Denken als gedrängte Gedanken und fließendes Fühlen als geballte Empfindungen sich haben formen und verfestigen, konsolidieren und konfigurieren können, manchmal auf monodisch-meditative, manchmal dramatisch-dialektische, manchmal kritisch-reflexive Weise.

In der ursprünglichen italienischen Form, wie sie in den idealisierenden Liebessonetten Petrarcas, seinem *Canzoniere*, normbildenden Ausdruck gefunden hat, ist die prosodische, die Vers-und-Reim-Gestalt in den beiden Vierzeilern oder Quartetten (mit dem Reimschema abba abba) fest, im darauf nach einer Zäsur folgenden Sextett variabel (doch nur innerhalb der drei Reime cde). Der wahre Angelpunkt des Sonetts, sein Gelenk, ist die Zäsur oder Pause zwischen Oktave und Sextett: hier ist die strukturell vorgegebene Stelle für die »Wendung«, »volte«, englisch »turn«, des Gedankens oder der Empfindung, die für das Sonett charakteristisch ist.

Wie aber entwickelte sich das italienische Sonett zum Shakespeareschen? Niemand wird heute das Sonett als eine Naturform im Sinne der Goetheschen Gattungspoetik verstehen wollen: allzu sehr kunsthaft erscheint es dem Poetologen und Ästhetiker. Was die geschichtlichen Gründe gewesen sein mögen, die im frühen 16. Jahrhundert die englischen Dichter am Hofe Heinrichs des Achten, Sir Thomas Wyatt und Henry Howard, Earl of Surrey, veranlaßten, Form und Funktion des italienischen — und französischen — Sonetts bei ihrer von wissenschaftlichem Humanismus inspirierten Adoption zwar nicht grundlegend, aber doch auf eigenartige Weise zu verändern, das läßt sich am Vergleich der beiden Typen, des italienischen und des englischen, leichter einsehen als begründen.

In England entsteht die neue Form: drei Quartette, mit jetzt abwechselndem und fortschreitendem Reim (abab cdcd efef) und einem Schlußreimpaar (gg). Der Inhalt ist meist auf elegische und erotische Themen beschränkt. Nach dieser Wandlung vom tektonischen Sonett, das aus einem festen, nur wenig Spielraum gewährenden Bau besteht, zum dynamischen Sonett, einer fortschreitenden Bewegung, die am Schluß in aphoristischer Sentenz zum Stillstand kommt, kann weitere Wandlung zu barockem, romantischem und modernem Sonett erfolgen. (Eine vorzügliche wissenschaftliche Analyse Shakespearescher Sonette bietet Stephen Booth, An Essay on Shakespeare's Sonnets. New Haven/London: Yale University Press, 1969; eine eingehende Interpretation Theodor Wolpers »William Shakespeare, Die Sonette«, in *Die englische Lyrik*, hrsg. H. Göller, 2 Bde., Düsseldorf; Bagel, 1968, Bd. 1).

Falsch wäre es, wollte man bei den beiden Sonett-Typen von einer Alternative Architektonik — Musikalität sprechen, denn Musikalität ist in beiden, im tektonischen wie im dynamischen Sonett; in jedem Falle sorgt die logisch-dynamische Beschaffenheit der Sprache für Folge. Auch im italienischen Sonett fließt ein Gedanke, fließt hin und her, aber es ist nicht der Fluß des modernen Bewußtseins, sondern eine Bewegung, die logisch-syllogistischen Gesetzen gehorcht, nicht psychologischen, wie die spätere moderne Struktur des Sonetts. Shakespeares Sonette zeigen manchmal noch den künstlich logischen, syllogistischen oder scholastischen (oft juristisch argumentierenden), manchmal aber auch schon den natürlichen, dem Bewußtseinsfluß folgenden psychologischen Stil. Schön wäre es, könnte man das Prinzip des Goldenen Schnitts, der *sectio aurea*, das sich im Zahlenverhältnis 5:8 wie 8:13 annäherungsweise ausdrückt, auch aufs Sonett anwenden. Aber — hélas! — der Schnitt des Sonetts ist 6:8 wie 8:14!

Welchen Zwecken, Gehalten, Erfahrungen oder Erfindungen hat Shakespeare diese neue Sonettform dienstbar gemacht? Zunächst: nicht er hat die Sonettmode oder -manie des ausgehenden 16. Jahrhunderts kreiert oder inauguriert; er hat sie vielmehr zum Ende, zur Vollendung geführt, und zwar auf ungewöhnliche Weise. Die Mode entstand um 1591 mit dem posthum veröffentlichten Zyklus *Astrophel und Stella* des Sir Philip Sidney und löste eine Flutwelle von Sonetten aus. Shakespeare muß seine — wie ein Zeitgenosse, Francis Meres, schrieb — »süßen Sonette unter seinen persönlichen Freunden« zwischen 1593 und 99 verfaßt haben. Sie sind mit ihren 154 Gedichten die größte und ungewöhnlichste der Sammlungen.

Warum ungewöhnlich? Bis dahin waren die Sonette an eine schöne, hoch über dem Liebenden stehende, ihn nicht erhörende geliebte Dame gerichtete Gedichte. Shakespeares Sonette führen kühn statt der schönen Geliebten den schönen Freund und neben ihm eine nicht schöne, aber verführerische dunkle Geliebte ein, dabei die angedeutete Beziehung zu einer Art von Dreiecksverhältnis gestaltend, wenn man annehmen könnte, daß dem Schreiber ein solcher Plan vorschwebte. Dies ist jedoch trotz einiger darauf hinweisender Momente nicht beweisbar. Der Dichter liebt die Schönheit, die sich ihm in dem schönen hochstehenden Freunde darstellt, und er ringt um die Verewigung seiner Schönheit in der eigenen Dichtung. Dies ist platonisierender Freundschaftskult als Ausdruck der »hohen« Idee der Liebe. Die schwarze Dame, der der Dichter und auch der Freund verfallen, ist die verkörperte Sinnlichkeit und Sexualität als Form der »niederen« Liebe. Von den 154 Sonetten sind 126 — neben einigen, einen Dichterrivalen betreffenden — der Beziehung zum schönen und hohen Freund gewidmet, die übrigen der dunklen, betörenden Geliebten. Es ist, allegorisch gesprochen, Shakespeares Version der »himmlischen« und »irdischen« Liebe, die so grundlegend von modernen Konzeptionen verschieden ist, daß hierüber das Wort eines Kenners angeführt werden muß: Diese Gedichte stehen nach Northrop Frye in einer bestimmten Tradition, einer Liebesauffassung, derzufolge die schöpferische Phantasie mit der Macht der Liebe wesentlich identisch sei. Der poetische *furor* oder *raptus* war zwar nicht zu erzwingen, wohl aber bei vorhandener Gabe zu entwickeln, und die stärkste und förderlichste Kraft dazu war die Liebe. »Liebe«, sagt Northrop Frye*, »war für den Renaissancedichter eine Art von kreativem Yoga.« Vom Renaissancedichter wurde nicht erwartet, daß er durchs Leben triebe, ein jed' Gelüst bei den Haaren ergriffe und so Erfahrun-

---

* in: *The Riddle of Shakespeare's Sonnets*. The text of the Sonnets, with interpretive essays by Edward Hubler, Northrop Frye, Leslie A. Fiedler, Stephen Spender, and R. P. Blackmur, and including the full text of Oscar Wilde's THE PORTRAIT OF MR W. H. London: Routledge & Kegan Paul, 1962.

gen mache, um sie dann in seinen Gedichten abzureagieren oder abzusetzen. Vielmehr wurde erwartet, daß er sich in ein Erlebnislaboratorium einschlösse, um dort unter Hochdruck und bei genauen Beobachtungen an sich und in seiner Einbildungskraft seine »Erfahrungen« zu machen, wirklich zu *machen*. »Poesie ist keine Reportage über Erfahrung; in beiden, Poesie und Liebe, ist die Wirklichkeit das, was geschaffen wird, nicht dessen Rohmaterial aus Leben und Erleben.« (Frye)

Über Shakespeares Sonette, die im Jahre 1609 im Druck erschienen, insbesondere aber über die Identität des Adressaten der Widmung, »W. H.«, die des schönen Freundes, des Dichterrivalen und der »dunklen Dame« ist viel phantasiert und spekuliert worden. Stefan George, der alle Sonette übersetzt hat, sagt in der Einleitung der Bondi-Ausgabe: »Hier wurde jahrhundertelang von herausgebern und auslegern unfruchtbar gestritten, was spiel und was gefühl sei, wer der blonde jüngling und wer die schwarze dame der letzten abteilung. hier haben sie geraten, gerenkt und geirrt bis zum völligen verhören des seelentones.« Nur soviel sei dazu gesagt: Die Sonette sind in einem Zyklus angeordnet. Aber der Zyklus ergibt keine schlüssige Geschichte. Vom 1. bis zum 74. Sonett ist er eine Art poetisches Tagebuch, aus dem wir von der liebenden Freundschaft des Dichters zu dem Jüngling erfahren. Die folgenden, vom 74. bis zum 86., beziehen sich auf den Dichter-Rivalen. Die Gruppe danach, bis zum 127., ist eine ungeordnete Folge klagender, beschwörender Monologe über die Leiden des Liebenden. Die restlichen gelten der dunklen Dame. Die beiden allerletzten sind konventionelle Stilübungen. Ich meine, es genüge, zu wissen, daß ein von der Macht der Schönheit, aber auch der Macht des Eros ergriffenes Ich zu einem doppelten und über ein doppeltes Du spricht, ein männliches und ein weibliches, aus Freundschaft und Liebe, über die Macht des Schönen, des Eros, der Poesie, der Vergänglichkeit und Unvergänglichkeit. Alles Wesentliche sagen die Gedichte selbst. Schlüssige Antworten auf die Fragen nach den Urbildern der lyrischen Personen im Leben des Autors (und damit der möglichen »wahren Geschichte«, die sich als ein dramatisches Dreiecksverhältnis in diesem größten Sonettzyklus der Elisabethanischen Zeit abzeichnet) hat die Forschung bisher nicht geben können; ebenso sind alle Versuche, eine bessere Reihenfolge als die der Originalausgabe zu finden, als gescheitert zu betrachten.

Es möge also genügen zu sagen, in diesen Sonetten spreche ein Ich jeweils zu einem Du, zu einer dritten Person oder über sie. Die Hingabe an eine leidenschaftliche spirituelle Verbindung mit einem »Du« in der Gestalt des schönen Freundes und die verwirrende gleichzeitige Verstricktheit in eine sinnliche, sexuelle Hörigkeit an eine »Sie« in Gestalt einer (gemeinsamen) Geliebten macht eine dramatische Konstellation aus, deren Kontrafaktur sich im Innern des Sprechers als Kampf zweier Mächte wiederfindet, mögen sie nun Herz und Auge, Hoffnung und Furcht, Liebe und Haß, Träumen und Wachen, Sein und Schein oder wie auch immer genannt werden. Zur dramatischen Struktur dieser lyrischen Kleinform sei gesagt, daß sie in den drei Quartetten einen Konflikt im Bewußtsein des Sprechenden dialektisch gestaltet, in dessen intrikate Ver- beziehungsweise Entwicklung der

Nachvollziehende hineingezogen wird, um in der Lösung des Endreimpaars eine kathartische Erfahrung mitzumachen: die Auflösung einer leidenschaftlichen, leidenden Erfahrung in Einsicht und Weisheit.

Paul Celan hat einundzwanzig der Shakespeareschen Sonette ins Deutsche übertragen. Die fünf ersten (I-V) sind auch die ersten fünf der sogenannten Fortpflanzungssonette, die auf die Verewigung der Schönheit des Angeredeten in einem leiblichen Erben dringen; drei weitere (XLIII, L, LVII) preisen überschwenglich die Schönheit, betrauern schmerzlich die Trennung vom schönen Freund und bekunden unterwürfig die Fron der liebenden Freundschaft; die zwei folgenden (LX, LVX) verweisen auf die Beständigkeit des Aufgehobenseins der schönen Abbilder des schönen Urbilds im poetischen Vers; vier weitere (LXX, LXXI, LXXIX, XC) suchen auf selbstquälerischen Umwegen neuen Zugang zur geliebten schönen Person: durch Entschuldigung ihres schlechten Rufes, Entsagung und Verzicht, ja Wunsch nach eigenem, Erkenntnis steigerndem Schmerz; zwei (CV, CVI) rühmen die Schönheit als Voraussage und Erfüllung alter Ideale in der neuen Gestalt; in drei weiteren (CVII, CXV, CXVI) werden Dauer, Wachstum und Unüberwindbarkeit der Liebe besungen, in den beiden letzten schließlich (CXIX, CXXXVII) klagt sich der Sprecher an, durch eigenen Irrtum sein Glück aufs Spiel gesetzt zu haben und selbst untreu geworden zu sein.

Celans Auswahl, obwohl sie — mit Ausnahme des letzten — alle der Gruppe der Freundschaftssonette entnommen sind, betrifft solche Gedichte, deren Adressat — bis auf

Sonett CV in Celans Version — sich nicht ohne fremde Indizien nach Geschlecht oder Person festlegen läßt. Nicht also geht es um Freund oder Geliebte, sondern um Freundschaft und Liebe selbst, in ihrer erhebenden und erniedrigenden, ihrer beglückenden und ihrer verzweifelt machenden Gewalt, um die leidende Liebe eines Dichters. Durch das — verborgene — Prinzip der Auswahl, das sich nur durch Beschreibung annähernd erfassen läßt, hat Celan aus der Fülle der Shakespeareschen Sonette mit seinem unergründeten »System« eine wiederum geheimnisvolle Wahl getroffen: Geheimnis im Geheimnis, System im System, »world within world«.

II
Über Paul Celans Nachdichtungs-Stil

Wird unter Stil das einheitliche und charakteristische Gepräge verstanden, das in der Haltung des Prägers seinen Anfang nimmt, in der Wirkung auf den Aufnehmenden sein Ende hat, so kann die Einheitlichkeit bestimmter charakteristischer Züge der Nachdichtung einiger Shakespearescher Sonette durch Paul Celan als Stil verstanden und beschrieben werden.

Solche Beschreibung ist genötigt, von einer Norm auszugehen, an der gemessen die sprachliche Prägung sich als Abweichung von jenem Maßstab, zugleich aber auch als eine Art neuer, spezifischer Konvention zu erkennen gibt, die sich bei bedeutenden Kunstwerken in der unaufhebbaren Tendenz zum Widerstand gegen diese Eigenkonvention zeigt und die Dialektik des Stils als Tendenz sowohl zum Durchbrechen von Konventionen wie auch zur Herstellung von neuen Konventionen aus den Durchbrechungen definiert.

Die Abweichung von der Norm bei Nachdichtungen ist eine doppelte: sie ist Abweichung einmal von der Norm des Originals, sodann von einer anderen Norm, die in der Zielsprache als originalgetreue Übersetzung vorgefunden oder aber vorgestellt wird. Zwar ist das Original in der einheitlichen Vielfalt seiner einzigartigen Gestalt unerreichbar, doch vermag die Kunst des Nachdichters doch viele Züge aus dem Geflecht des Originals herauszulösen und selbst über die Norm der Originaltreue noch hinauszutreiben, während die Technik des originalnahen Übersetzers den Anschein der größeren Treue mit dem sichtbaren Zurückfallen hinter die Ausdruckskraft vieler Züge bezahlen, also einen Schein von Wert mit Verlust an Wahrheit erkaufen muß.

Der Stil der Celanschen Nachdichtungen wird erkennbar, wenn deren Texte zwischen die Originale und scheinbar originalgetreue Übertragungen durch handwerkliche Übersetzer gerückt werden. Dies Experiment sei gleich am ersten der nachgedichteten Sonette unternommen. Thema des ersten Sonetts ist der Wunsch, daß Schönheit sich leiblich fortpflanzen möge, um so erhalten zu bleiben.

Shakespeare
From fairest creatures we desire increase,
That thereby beauty's rose might never die,
Kannegießer
Von schönen Wesen wünschen wir Vermehrung,
Auf daß der Schönheit Rose nimmer sterbe
Celan
Was west und schön ist, du erhoffst ein Mehr
von ihm: die Rose Schönheit soll nicht sterben.

Shakespeare trifft eine Feststellung in Form eines einfachen propositionalen Satzgefüges, in dem auf den Hauptsatz mit vorangestelltem präpositionalem Objekt (From fairest creatures), das keine Inversion von Subjekt und Prädikat nötig macht (we desire increase), ein finaler Nebensatz mit Wunschcharakter folgt, in dem durch eine kausale Umstandsbestimmung (thereby) auf den Sinngehalt des Hauptsatzes zurückverwiesen wird. Die Voranstellung des präpositionalen Objekts im Hauptsatz ist satz- und versrhythmisch begründet: der semantische Schwerpunkt (increase) des Hauptsatzes fällt mit dem versrhythmischen Schwerpunkt, dem letzten jambischen Fuß der Zeile, zusammen; es entsteht zudem eine die erste Verszeile in sich klanglich verdichtende Assonanz des semantisch gewichtigsten Teils des vorangestellten präpositionalen Objekts (creatures) mit dem semantisch-versrhythmischen Schwerpunkt (increase) — eine Assonanz, die in der semantischen Verwandtschaft die wurzelhafte Identität der beiden Wörter durchscheinen läßt.

Kannegießer* folgt dem Muster des Meisters getreulich. Es fehlt formal nur der Rückverweis vom Neben- auf den Hauptsatz. Es fehlt allerdings auch die Laut- und Sinnbindung zwischen den Wörtern »Wesen« und »Vermehrung«, die beide blasser sind als ihre englischen Vorbilder.

Celan weicht von beiden Gestaltungen einer allgemeingültig-apodiktisch formulierten Erfahrung entschieden ab, sowohl in Hinsicht des Satzbaus — und damit der logischen Struktur des Gedankens — als auch hinsichtlich der Wortwahl und — als deren spezifisch poetischer Forderung — der Handhabung der Metaphorik. Das Satzgefüge, bei Shakespeare und Kannegießer formal hypotaktisch in Haupt- und Nebensatz gegliedert, wird von Celan paratraktisch in zwei Hauptsätze auseinandergetrennt, und zwar durch das Interpunktionszeichen des

---

* Karl F. Ludwig Kannegießer, »Sonette nach Shakespeare«. *Polychorda*. Eine Zeitschrift. Hrsg. von August Bode. Bd. 1. Penig, 1803 (26 Sonette), zit. in William Shakespeare, The Sonnets/Die Sonette, hrsg. R. Borgmeier, Stuttgart: Reclam, 1974.

Doppelpunktes, der den ersten Satz zum zweiten hin kausal-final öffnet. Und da der erste Satz die Gültigkeit der Erfahrung nicht einfach als allen gemeinsame Erfahrung (»we«, »wir«) konstatiert, sondern persönlicher, dringlicher einem imaginären Partner rhetorisch beschwörend auf den Kopf zu sagt (»du erhoffst«), also erscheint der zweite, durch Doppelpunkt mit ihm verbundene Satz in gewünschter innerer Abhängigkeit vom »du«. (Dies »du« ist indessen nicht identisch mit dem Adressaten des Sonetts, der im zweiten Quartett angeredet wird, sondern ist ein eher mit dem Leser gleichzusetzendes, die Allgemeinheit exemplarisch vertretendes »du«.)
Doch über die parataktische Zertrennung hinaus löst Celan die einfache Aussage dadurch noch weiter auf, daß er das Akkusativ-Objekt des Hauptsatzes (»increase«, »Vermehrung«) als nominalisiertes Adjektiv oder Adverb (»ein Mehr«) aus seiner abstrakten Begrifflichkeit zugunsten abstrakter Sinnlichkeit verwandelt und das präpositionale Objekt (»from fairest creatures«, »von schönen Wesen«) ebenfalls zerlegt: in ein pronominales präpositionales Objekt (»von ihm«) und einen vorweggenommenen, das leere Pronomen auffüllenden, aber den casus obliquus elliptisch als casus rectus verschleiernden — sicher um direkter Aussage am Anfang willen verschleiernden — Nebensatz (Objektsatz). Nachdem zunächst der Schein einer allgemeinen gültigen Aussage in Gestalt eines Subjektsatzes erzeugt worden ist (»Was west und schön ist«), durch den eine enge nominale Wortverbindung (»fairest creatures«) in eine losere verbale Reihung entflochten ist, wird bei der Wiederaufnahme dieses Objektes in »leerer« pronominaler Gestalt (»von ihm«) die sugge-

rierte syntaktische Kursrichtung korrigiert, eine Methode, in der die klassischen rhetorischen Mittel der prolepsis, anticipatio und correctio auf eine mit der deutschen Sprache gegebene spezifische Weise verbunden sind. (Eine ähnlich genaue Analyse der übrigen Sonette würde zeigen, daß dieser Stilzug, den wir vereinfachend anticipatio, Antizipation, nennen wollen, zu den durchgängigen Mitteln Celans gehört, die Fügungen des Originals aufzubrechen und diese in der differenzierenden Lockerung überhaupt so erst als fest erkennen zu lassen.)

Aber noch steht im ersten Satzgefüge die Wiedergabe des poetischen Bildes, der Metapher, zur Eröterung an. Die Art der Bild-Bildung (»beauty's rose«) ist der einfachen Abstrahierung des Wesens aus der Eigenschaft (das wäre »the rose's beauty« oder, besser, »the beauty of the rose«) diametral entgegengesetzt. Celan sagt nicht »der Rose Schönheit«, sondern »die Rose Schönheit« und löst auch hier die hypotaktische Bildstruktur, die Über- oder Unterordnung, in paratakische Identifikation des Gegenstandes mit seiner Wesensqualität auf, so, als wäre die Rose ein Wesen, das den Namen Schönheit trägt — was übrigens dem Ausdruck »west und schön ist« in der ersten Zeile entspricht.

Aufbrechung der festen Form von Satz- und Bildstruktur und umstellende, vorgreifende und nebenordnende Neufügung von Satz-, Wort- und Bildelementen zeichnen Celans Stil im ersten Satz des ersten von ihm übertragenen Sonetts aus.

Der zweite Satz des ersten Quartetts:

Shakespeare
But as the riper should by time decease,
His tender heir might bear his memory:
Kannegießer
Und welkt die reifre durch der Zeit Verheerung,
Ihr Angedenken trag' ein zartes Erbe.
Celan
Und gibt sie, die gezeitigte, die Krone her,
so wahre, was sie war, ihr zarter Erbe.

Bei Shakespeare setzt mit der den Gegensatz signalisierenden adversativen Konjunktion (»But«) ein zweites, vom Nebensatz des ersten verdeckt abhängiges Satzgefüge ein; denn die volle syntaktische Fügung müßte logisch lauten: »But *that*, as the riper one should by time decease, / His tender heir ...« usw. Insgesamt besteht das erste Quartett also aus einem dreistufig hypotaktischen Satzgefüge:

I. We desire increase ...
II. That beauty's rose ... But (that) ...
III. ... as the riper should ...

Kannegießer löst den unterordnenden Nexus zwischen dem ersten und zweiten Satzgefüge; er setzt in V. 3 mit einem verschleierten Bedingungssatz ein: »Und welkt die reifre ...«, um dann unter Bruch der hypotaktischen Fügung mit gleichsam absolut gesetztem Hauptsatz fortzufahren: »Ihr Angedenken trag' ...«

Celan beginnt gleichfalls, aus Shakespeares logischem Zusammenhang ausbrechend, mit einem neuen unabhängigen Satzgefüge; dabei benutzt er wieder die Figur der Antizipation, diesmal jedoch das »leere« Pronomen

(»sie«) vorwegnehmend und nach der Komma-Pause betont neu füllend (»die gezeitigte«), mit einer den konventionellen Zeitbegriff aufbrechenden denominativen Verbalform, die durch die überraschende Einfügung des Bildes der vererbten Krone ein heraldisch-feudales Moment erhält, das entfernte sakrale Vorstellungen (»Krone des Lebens«) auslöst. Der nachgestellte Hauptsatz enthält eine dem Shakespeareschen Binnenreim entsprechende Assonanz (»heir« — »bear«; »wahre« — »war«).

Im zweiten Quartett zeigen sich Züge der Anpassung ans Original vermischt mit eigenständigen:

Shakespeare
But thou, contracted to thine own bright eyes,
Feed'st thy light's flame with self-substantial fuel,
Making a famine where abundance lies,
Thyself thy foe, to thy sweet self too cruel:
Kannegießer
Doch du, beschränkt auf deiner Augen Feuer,
Nährst deines Lichtes Strahl mit eignem Schwefel.
Und wo ein Überfluß ist, machst du's teuer,
Feind deinem süßen Selbst mit hartem Frevel.
Celan
Doch du, ins eigne Auge eingeengt,
verbrauchst dich selbst, daß deine Flamme loht,
du darbst und hungerst, überreich beschenkt,
und bist, der dich am grausamsten bedroht.

Celan folgt zunächst dem syntaktischen und logischen Muster Shakespeares: auf das adversative »Doch« läßt er, wie übrigens auch Kannegießer, die Anrede »du« und dessen nähere Bestimmung in einer Partizipialkonstruktion (Shakespeare »contracted«, Kannegießer »beschränkt«, Celan »eingeengt«) folgen, um dann den als Vorwurf geformten Hauptsatz mit dem Tadel des im Bild der Kerzen versinnlichten Selbstverzehrs folgen zu lassen, von dem er einen Nebensatz abspaltet (»daß deine Flamme loht«), die Vorstellung dieses Bildes verselbständigend. Damit erreicht er zwar nicht die ausgewogene Dichte der Fügung Shakespeares mit den zusammenbindenden Alliterationen (»*F*eedst thy light's *f*lame with sel*f*substantial *f*uel«), um die sich Kannegießer müht, macht aber die in der Metaphorik konkretisierte Dialektik von Verbrauch und Wirkung, Schwinden und Scheinen deutlich. Das bei Shakespeare appositionell angehängte Partizipium, das erklärenden Charakter hat (»Making a famine ...«) und die noch knappere deutende Ellipse (»Thyself thy foe ...« usw.) verwandelt Celan in eine parataktische Reihung einzelner, dem »du« zugesprochener Tätigkeiten, in der die dialektisch antithetischen Momente als Partizipium (»beschenkt«) und Relativsatz (»der dich ... bedroht«) stehen: bei Ähnlichkeit mit Shakespeare im letzteren Zug also doch stärkere Nebenordnung (»du darbst *und* hungerst ... *und* bist«). Die Häufung der Konjunktion »und« ruft einen Ton von Irritation hervor, der zu den subtilen psychologischen Erträgen Celanscher Transformationen gehört.

Das dritte Quartett zeigt die Tendenz zur Abweichung vom Original stärker in den beiden ersten als in den beiden letzten Versen:

Shakespeare
Thou that art now the world's fresh ornament
And only herald to the gaudy spring,
Within thine own bud buriest thy content,
And, tender churl, mak'st waste in niggarding:
Kannegießer
Du, der du jetzt der Welt zum frischen Ruhme,
Allein Herold des Frühlings holden Reizen,
Birgst in der eignen Knospe deine Blume;
Verödest, holder Karger, durch dein Geizen.
Celan
Kein Schmuck wie du, den sich ein Jahr je gab;
kein solcher Herold seiner Farbenfreuden;
doch du: die eigne Knospe ist dein Grab,
ein einzig Knausern bist du im Vergeuden.

Shakespeare rühmt die gegenwärtige, der Welt zur Zierde gereichende Jugendfrische des schönen Freundes und seine Einzigartigkeit (»only« ist »unique«, vgl. C. Knox Pooler, *The Sonnets*, The Arden Shakespeare [London, 1918], p. 3) als potentieller Erzeuger eines künftigen schönen Geschlechts, tadelt aber zugleich sein selbstgenießerisch-selbstzerstörerisches Vergeuden und Geizen mit seinen Gaben.

Kannegießer, die tieferen Sinnschichten nicht erfassend, bleibt an der Oberfläche und daher als Übersetzer auf der Strecke.

Auch Celan verkennt die Fülle der versteckten Implikationen, wenn er »world« als »Jahr«, und »herald to the gaudy spring« als »Herold seiner Farbenfreuden« oberflächlich und trivial wiedergibt. Hier ist Abweichung

Abflachung. Im zweiten Teil führt größere Originaltreue zu größerer Sinntiefe: die Knospe als Grab entspricht — ohne die trächtige Mehrdeutigkeit von »content« wiederzugeben — Shakespeares enggeführtem alliterativem Oxymoron (»bud buriest«) und verdoppelt die Paradoxie in der Identifikation von »Knausern« und »Vergeuden«.
Die im Schlußreimpaar aufgehobene sentenziöse Ermahnung heißt bei Shakespeare nach Malones Paraphrase so viel wie: »Hab Mitleid mit der Welt, die täglich durch das Grab entvölkert wird, und zeuge Kinder, um den Verlust auszugleichen; wenn du aber diese Pflicht nicht erfüllst, so gib zu, daß du (so wie ein Vielfraß, der mehr verschlingt als er zu seiner Notdurft braucht), der du nach dem Gesetz der Natur sterben mußt und deinem eigenen Unterlassen zufolge wahrscheinlich kinderlos sterben wirst und so »in gesegneter Ledigkeit lebst und stirbst«, das, *was du der Welt schuldig bist*, verzehrst und zerstörst...« (Zit. Knox Pooler, *The Sonnets*, p. 4, übers. H. V.) In Shakespeares eigenen Worten ist dieser Sinn in der Komprimiertheit der kurzen Zeilen kaum zu erfassen:
Pity the world, or else this glutton* be —
To eat the world's due, by the grave and thee.
Kannegießer kann dieser Kürze nur mit scheinbarer Entsprechung, in Wirklichkeit jedoch nur zusammenhanglos stammelnd folgen:
Hab Mitleid mit der Welt, sonst sei Begierde,
Schling in das Grab und dich der Schöpfung Zierde.
Celan löst die Alternative von Mahnung zur Erfüllung einer Verpflichtung und der Drohung mit der Schmach

---

* [=such a glutton as to]

selbstsüchtiger Verfehlung nur durch eine überanstrengte Wortbildung und Satzneugliederung:
Denk an die Welt und was ihr Erbteil ist,
du, der du dich nicht sattgräbst und es frißt.
Zwar ist das »Grab« ebenso wie der »Vielfraß« (»glutton«) in die kühne Wortbildung »sattgräbst« hineingerettet, aber doch auf Kosten der im Original angelegten Vorstellung, daß das Grab (*sein* Grab) und er selbst an sich und seinen möglichen Nachkommen die Zerstörung betreiben. Bei Celan überwiegt die Mahnung; die Drohung ist auf den gegenwärtigen Zustand der unersättlichen Gier des Selbstverzehrs beschränkt. Auch hier noch wird die zerdehnende Tendenz und die Dissoziierung und Differenzierung von einheitlichen festen Vorstellungen im Originaltext sichtbar (»du, der du dich ...«). In Celans Nachdichtung weckt der Schluß geradezu die Vorstellung eines gierig im Erdboden nach dort verborgener Nahrung wühlenden Tieres. (Vgl. »Es war Erde in ihnen und sie gruben«, *Die Niemandsrose.*)

Als charakteristische Züge des Celanschen Nachdichtungsstils lassen sich aufgrund einer Beschreibung vor dem Hintergrund des Originals und einer willkürlich gewählten älteren Übersetzung die folgenden Tendenzen feststellen:
1. Tendenz zur Aufbrechung, Auflösung und parataktischen Neugliederung fester hypotaktischer Satzstrukturen des Originals;
2. Tendenz zur Aufspaltung, Dissoziierung und Differenzierung fester einheitlicher Begriffe und Vorstellungen des Originals und zur Vorwegnahme und, beziehungsweise oder Wiederaufnahme der so gewonnenen stell-

vertretenden Aspekte des Hauptbegriffs, der Hauptvorstellung;
3. Tendenz zur Verwendung eines Interpunktionssignals (Doppelpunkt) als »sprachloses« Mittel der Andeutung logisch-modaler Zusammenhänge.
Dieser Befund, gültig zunächst für ein einzelnes Sonett, wäre als eine den Nachdichtungsstil Celans betreffende Hypothese durch weitere Befunde zu erhärten oder zu widerlegen. Da eine Fortsetzung der Beschreibung, Zergliederung und Auswertung in gleicher Genauigkeit weder möglich noch nützlich ist, soll die Bestandsaufnahme und Befundermittlung im folgenden knapper und summarischer sein.

1

Tendenz zur parataktischen Neugliederung fester hypotaktischer Satzstrukturen.
Shakespeares Sätze sind bei aller ihnen kraft ihres Erlebnisgehalts innewohnenden lyrisch-dramatischen Gespanntheit formal von festem, maßvoll hypotaktischem Bau. Celan neigt dazu, diese Satzgefüge in kürzere parataktische Sätze aufzubrechen, die oft in dramatisch gesteigerte Rede und Gegenrede gegeneinandergestellt werden oder in syndetischer Reihung drängend-dringlichen Charakter annehmen, in jedem Falle aber den Duktus in unruhigere, empfindlichere und gelegentlich nervös gereizteren Schwingungen versetzen.
Sonett 1 zeigt bereits die letztere Tendenz zur aufgebrochenen Reihung:
— du darbst und hungerst, überreich beschenkt,

und bist, der dich am grausamsten bedroht. (7—8)
Deutlicher zeigt die erstere Tendenz Sonett III:
— Liebst du dich so? Das Grab so? Sollt
  dir dies: dein eigen Ende sein, genügen? (7—8)
(Emphatische Wiederholung wie hier die des Adverbs »so« fällt auf und ist als möglicher Stilzug zu registrieren.)
In Sonett IV wird bei der zweiten Wiederholung das Vollverb in überraschender Wendung zum Hilfsverb zurückgestuft und ironisch entwertet:
— Du hast und hast — und hasts dahin gebracht: (7)
Zu kurzen, rhetorisch gegeneinandergekehrten, manchmal elliptischen Sätzen wird in Sonett V ein Shakespearesches Satzgefüge, das sich allerdings mit seinen Partizipialkonstruktionen dazu anbietet, aufgebrochen:
— Ist Sommer? Sommer *war*. Schon führt die Zeit
  den Wintern und Verfinsterungen entgegen.
  Laub grünte, Saft stieg... Einstmals. Überschneit
  die Schönheit. Und Entblößtes allerwegen. (5—8)
In Sonett LXX bewirkt die Wiederholung des Verbs (bei leicht veränderter, gedehnter Wortgestalt) den Ton irritierter Sympathie mit dem Verleumdeten (Shakespeares großes Thema der Verleumdung, »slander«, wird von ihm zweimal ausdrücklich genannt; aber während es bei ihm begrifflich gebändigt ist, setzt es sich bei Celan in Vibrationen der teilnehmenden Entrüstung um):
— Nicht an dir liegts, daß sie dich schmähn und
  schmähen:
  kaum zeigt sich Reines, schon wirds schlechtgemacht.
  (1-2).
Sichtbar verstärkt ist der Ton der Entrüstung durch dieses

»kaum — schon« und das ungehalten-familiäre »schlechtgemacht«.

Im Sonett LXXI trägt die Aufbrechung der das Shakespearesche Quartett füllenden Periode dazu bei, dem mit einer hinweisenden Geste eingeleiteten Herz-Satz aller Sonette seine zwingende Wirkung zu geben:

— Dies schreibe ich, doch du, hast du's gelesen,
  vergiß, wers schrieb. Denn sieh, ich liebe dich: (5—6)

2

Tendenz zur Aufspaltung fester, einheitlicher Begriffe des Originaltexts und zur Vorwegnahme (Antizipation) oder Wiederaufnahme (Resumption) eines Vollwortes durch ein stellvertretendes.

Celans Neigung zur Aufspaltung einheitlicher Begriffe und zur Verschiebung der dissoziierten Aspekte der solche Begriffe tragenden Worte in Haupt- und Fürwort oder andere Stellvertreter ist in fast jedem Sonett — und in ihm dazu oft mehrfach — anzutreffen. Es seien jedoch nur einige, besonders auffällige Vorkommen hier aufgeführt.
Sonett III zeigt diese Figur gleich viermal:

— dies: dem eigen Ende (8)
— Ihr, deiner Mutter, bist der Spiegel du: (9)
— der Jahre Grün, hier sucht sie's, die Ergraute. (10)
— Doch führst du dies: Vergessenheit, im Schilde: (13)

Desgleichen Sonett IV:

— Anmut, verschwenderische du, (1)
— Schönheit — Vermächtnis ist sie, (3)
— Dein eigen Ich, von dir wirds hintergangen. (10)

— Die Schönheit, ungenutzt: mit dir muß sie verwesen.
(13)

Auffällig sind kontrahierte Formen, in denen das neutrale Pronomen »es«, sei's mit einer Verbform, sei's einer Konjunktion, kolloquial-preziös verschmolzen ist, so wie in Sonett XLIII:

— Mein Aug, wenns zu ist, siehts, (1).

(Hier muß barocke, romantische oder auch spätromantische Dichtung im Spiel sein.)

Was aber bedeutet eigentlich diese Figur, worin liegt ihre expressive Kraft? Ehe eine Antwort versucht wird, seien noch diese sehr klaren und sicherlich sehr bewußt gesetzten Dissoziationen angeführt:

Sonett LX:

— sie, die Zeit, zerstört, was sie, die Zeit, gegeben. (8)
— Der Jugend Blust: die Zeit durchbohrt ihn, (9)
— was da bleibt und steht, die Schnitterin wirds erreichen. (12)
— die sie, die Zeit, erhoben (13)
— er, mein Vers, (14)

Das Sonett LXXI, dessen Thema der Verzicht auf Liebe aus Liebe ist, verschiebt auch Nomen und Attribut parataktisch und zeigt die Nähe dieser Variante zum Typus der Dissoziation von Nomen und Pronomen an:

— Du sollst, bin ich hinweg, so lang nur klagen,
  als du die Glocke hörst, die düstere, vom Turm; (1—2)

Zugleich wird die Nähe zur Aufbrechung von Perioden zu den abbrechenden, das Verstummen beständig übenden Kurzsätzen deutlich (vgl. dasselbe Sonett unter 1). Deutlich wird schließlich, wie Shakespeares rhetorische Interjektionen, die die entscheidenden Wendungen des

Sonettgedankens markieren, wie »Nay« (5) und »Oh« (9),
bei Celan als emotionales Potential in die reizbarere, unruhigere Syntax eingehen: Austausch der Impulse in der Tiefenschicht, in der die Oberflächenstrukturen ihren gemeinsamen Nenner haben.

Sonett CXVI, das Hohelied der an keine Bedingungen außer der Treue gebundenen Liebe, bietet noch einmal beides: Antizipation und Resumption des Kernwortes durch seinen pronominalen Stellvertreter:

— Legt sie, die Sichel, sich auch um die Wangen,
   die rosigen — Lieb' ist kein Narr der Zeit.
   Nicht können Stunden, Wochen sie belangen;
   der Jüngste Tag, er findet sie bereit. (9—12).

Die Beispiele, die sich besonders in den ersten Sonetten häufen, erzeugen, so gehäuft, zwar den Eindruck der Manier. Sie ist schwerlich abzustreiten, obwohl sie ja als solche erst dann hervortritt, wenn die sie konstituierenden Fälle aus ihren Kontexten herausgelöst und addiert werden. Aber nicht in so bewirktem Hervortretenlassen der Manier liegt der Sinn dieser Untersuchung, sondern in der Möglichkeit, einen von Shakespeare abweichenden eigenwilligen, modernen (und dabei archaisierenden) Ton und Stil in Celans Übersetzungen zu entdecken. Was ist das allen Fällen von Antizipation und Resumption Gemeinsame? Doch zunächst eine »Dissoziierung der Sensibilität« (Eliot); sodann die Verschiebung des Grundwortes einer Vorstellung und seines Stellvertreters gegeneinander, sei es im Sinne der Vorweg-, sei es, der Wiederaufnahme; ferner (und damit näher am wahrscheinlichen Motiv) die damit vollzogene Unterscheidung einer Ebene suggestiver Benennung und einer anderen der

Reflexion oder Meditation. Eine Vorstellung, ein Begriff, ein Wirklichkeit ausstrahlendes Wort wird, wie ein Tennisball in die Luft geworfen, dort steht es einen Moment ganz für sich, absolut, gelöst, bis es vom Schläger des denkenden Bewußtseins aufs Ziel zu getrieben wird: so bei Resumption. Oder die Vorstellung, der Begriff, das Wort, wird zunächst als bloßes namenloses Element im Spiel der Gedanken benutzt, dann aber, im Gewahren seiner Namenlosigkeit erfaßt und emporgehalten und benannt. So bei Antizipation. Als ein Doppeltes tritt das Wort so auf: als namenloses, anonymes Glied in einem gedanklichen Prozeß, dann als benanntes, benamtes Etwas von unverwechselbarer Eigenständigkeit. Diese Dialektik von namenlosem Glied eines Prozesses und benanntem Etwas von autonomer Statur scheint der »Manier« Celans zugrunde zu liegen.

3

Tendenz zur Auflösung eines logisch-syntaktischen Gefüges mit dem Ziel dramatischer Verselbständigung einzelner Gedanken und Empfindungen: Doppelpunkt.
Die zweite Zeile des ersten Sonetts setzt das Muster und etabliert die These:
— Was west und schön ist, du erhoffst ein Mehr
  von ihm: die Rose Schönheit soll nicht sterben.
Der Doppelpunkt, im Schriftdeutsch feststehendes Interpunktionszeichen, im Englischen stärker satzrhythmisch und oft im Sinne entschiedener Abtrennung verwendet, wird bei Celan zum Signal für die Öffnung des vorange-

henden Gedankens zu dem folgenden, der dessen Folgerung ist. Die subtile kausal-finale Verknüpfung zweier Sätze und Gedanken wird so metasyntaktisch-semiotisch angezeigt und der imaginativen Auslegung durch den Leser anheimgegeben. Auch dieser Stilzug ist so auffällig oft, so nachdrücklich verwendet, daß sein Manierismus Methode zu haben scheint. Ein mehrfaches Beispiel bietet Sonett III:
— Sieh in den Spiegel, sprich zum Bild darin:
 »Zeit für dich, Bild, dich abermals zu prägen.« (2)
— Liebst du dich so? Das Grab so? Sollt
 dir dies: dein eigen Ende sein, genügen? (7-8)
— Ihr, deiner Mutter, bist der Spiegel du:
 der Jahre Grün, hier sucht sie's . . . (9-10)
— Bald decken Runzeln dir die Fenster zu:
 dann suchst auch du den Himmel . . . (11-12)
— Doch führst du dies: Vergessenheit, im Schilde:
 stirb ungepaart . . . (13-14)

Unschwer ist in diesem Signal ein parataktisches Moment zu erkennen. Sonett IV:
— Anmut, verschwenderische du, bedenk: (1)
  . . . und hasts dahin gebracht:
  bei allem Wuchern reichts dir nicht zum Leben. (7-8)

Die Alternative wäre eine hypotaktische Konstruktion, ein »bedenk, daß du . . .« oder »hasts dahin gebracht, daß du . . .«

In der letzten Zeile jedoch:
— Die Schönheit, ungenutzt: mit dir muß sie verwesen. (13) ist der Kolon eine Öffnung der Erkenntnis - und Mittel der Nebenordnung.

Die erklärende Funktion des Doppelpunkts ist deutlich

erkennbar, wo für ihn ein »nämlich« eintreten kann, so im Sonett LVII:
— Solch treuer Narr ist Liebe: nimmer sieht
 sie Arg in deinem Tun ... (13-14)
Hingegen hat er gelegentlich stärker Resignation zu suggerieren. Sonett LX:
— Der Jugend Blust: die Zeit durchbohrt ihn ... (9)
Immer aber weist er auf eine äußere oder innere Folge hin. Sonett LXV: ... nicht die Erde, nicht die See:
 sie trotzen nicht der Sterblichkeit Gewalten. (1-2)
— Der Zeit Juwel — nein du bewahrsts nicht auf:
 mit eigner Truhe kommt die Zeit geschritten. (9-10)
—   ... Es sei denn, dies trifft zu:
 Aus meiner Tinte Schwarz, draus leuchtest du. (13-14)
Statt der finalen Richtung nach vorn kann die Richtung kausal rückwärtsgerichtet sein in Sonett LXX:
— Nicht an dir liegts, daß sie dich schmähn und schmähen: Kaum zeigt sich Reines, schon wirds schlechtgemacht. (1-2)
— Verlästert du, geliebt auch von den Tagen:
 ist Güte dein, dies alles mehrt sie bloß. (5-6)
— Die vielen Hinterhalte schon in jungen Jahren:
 du gingst hindurch ... (9-10)
— Du, müßtest du nicht so: beargwöhnt, sein, (13)
Sonett LXXI bietet zwei Varianten - die konsekutivische Form »so - daß« und die kausale »weil«:
—   ... Denn sieh, ich liebe dich:
 ich wollt, ich wäre nie in deinem Sinn gewesen, (6-7)
— und meinen Namen, sag ihn nicht mehr her:
 Die Welt, klugäugig, sucht schon deine Tränen, (12-13)

Weitere Beispiele in Nr. LXXIX 10, 12; CV 3; CVI 5, 13; CVII 5, 13; CXV 9; CXVI 7; CXXXVII 6, 9, 12, 13.

Die Beispiele dieses Stilzuges stimmen alle darin überein, daß sie eine Beziehung zwischen dem, was dem Doppelpunkt vorangeht und was ihm folgt, im Sinne einer sich auftuenden Einsicht in die Folgen des Vorangegangenen signalisieren. Damit aber hebt der Doppelpunkt das nach ihm Stehende, das Gegenstand der Erkenntnis und Folge von Ursachen ist, hervor, ja isoliert, verabsolutiert es gelegentlich. Und darin ist dann dieser zweite beschriebene Stilzug dem ersten verwandt: in der Tendenz zur Absolutsetzung — innerhalb eines gedanklichen Prozesses.

Stil ist, so wurde gesagt, Konvention, aber auch Durchbrechung, aber wiederum auch die Konventionalisierung solcher Durchbrechungen. Anders, linguistisch ausgedrückt: Stil ist »nach vorn gezogene« (»foregrounded«), von der Norm abweichende Gestaltungsweise, in der die Abweichungen wieder zur Normenbildung tendieren; noch anders gewendet, gesellschaftskritisch ausgedrückt ist Stil Fügsamkeit, auch Widerstand gegen sie, aber auch schon wieder zur Gewohnheit aus Fügsamkeit werdende Wiederholung des Widerstandes. Stil ist somit Gebundenheit an Herrschendes, aber auch Freiheit: im Stil ist der Moment des Widerstandes gegen die Konvention zugleich das Moment der Freiheit.

Bislang wurde Celans Stil der Übertragung Shakespearescher Sonette durch drei Raster eines groben Filters gepreßt und bietet in solcher Vereinfachung nun das Bild einer Manier, die sicherlich auf der Absicht beruhen mag, das Fluidum einer älteren Stufe der Empfindsamkeit und ihrer poetischen Verlautbarung durch Verwendung älterer (aber noch im Bewußtsein lebendiger) Stilismen einzufangen, ohne sich dadurch jedoch der Möglichkeit zu begeben, die eigenen Herztöne im fremden Klanggebilde hörbar zu machen. Die aber wurden bisher kaum angemessen erfaßt.

Darum muß noch einmal ein Sonett in Celans Fassung auf die von der selbstgeschaffenen Stilkonvention abweichenden Momente hin untersucht werden: das letzte seiner Wahl, Sonett CXXXVII. Shakespeare beginnt so:
- Thou blind fool, Love, what dost thou to mine eyes,
  That they behold, and see not what they see? (1-2)

Es ist der Topos des blinden Cupido und des verblendeten Auges, dieser erotischen Achillesferse der Sinne, der zum Paradox zugespitzt ist. Celan verwendet die bekannten Mittel der Antizipation (»Narrsts«), der Repetition (»fort und fort«) und der Parataxe (»Narrsts Aug mir . . . Es schaut, nimmt wahr — sieht nicht . . ., erkennt . . ., sieht . . . siehts . . . hälts . . .«). Aber auch »Thou blind fool, Love«, von Regis (1843) mit »töricht blinder Wicht«, von George mit »Du Liebe, blinder Narr«, wiedergegeben, ist keine Neubildung: schon Lachmann sagt so (1820).

Hingegen kommt im zweiten Quartett eine kühne Neuerung ins Spiel der Konvention:

Shakespeare
If eyes corrupt by over-partial looks
Be anchor'd in the bay where all men ride,
Why of eyes' falsehood hast thou forged hooks
Whereto the judgment of my heart is tied? (5-8)

Celan
Verschautes Aug, solls nun vor Anker gehn
in jener Bucht, wo festmacht alle Welt:
mußt, Liebe, Trug zum Haken schmieden, den
das Herz fühlt, wenn es Herzensurteil fällt?

Celan verwirft die Shakespearesche Periode, ihre hypotaktische Struktur, das konjunktionale Eckwort »if«, das den Fluß des Gefühls eindämmt und reguliert. Er beginnt haut- und herznah mit dem Kern der Sache, dem verblendeten Auge. Dem Begriff »Verblendung« entnimmt er die Vorsilbe und setzt sie als verkehrende Linse vor das »schauen«; so wird das Auge ein »verschautes«. Und wenn es auch Vorbilder für solche Bildung gibt – die Fügung »Verschautes Aug« ist idiosynkratisch-kühn und gibt der Vorstellung Shakespeares eine neue Prägnanz gestörter sinnlicher Wahrnehmung. Und wie das Auge, so das Herz: das Schlußreimpaar sagt es deutlich, bei Shakespeare in flüssiger verbaler Sentenz, bei Celan in geraffter nominaler Ellipse, die die aus Erfahrung destillierte Erkenntnis zum fast mythischen Zustand der Verirrung und Heimsuchung durch eine Gestalt macht, in der das Leiden am Trug sich allegorisch verselbständigt:
Mein Herz, mein Aug: verirrt im Wahren, beide,
und heimgesucht nun von dem Lügen-Leide.
Ob dieses Ende Absicht oder Zufall, Produkt des Tuns oder des Leidens ist, kann eine Beschreibung, die auf nichts blickt als den Text und sein Vorbild, weder bejahen noch verneinen.

insel taschenbücher
Alphabetisches Verzeichnis

Allerleirauh it 115

Alte und neue Lieder   it 59

Achim von Arnim und
Clemens Brentano:
Des Knaben Wunderhorn
it 85

Karl Arnold:
Das Steuermännlein it 105

Bakunins Beichte it 29

Honoré de Balzac:
Das Mädchen mit den
Goldaugen it 60

Ambrose Bierce:
Mein Lieblingsmord it 39

William Blake:
Lieder der Unschuld it 116

Die Blümlein des heiligen
Franziskus von Assisi it 48

Boccaccio:
Das Dekameron it 7/8

Marian Brandys:
Maria Walewska,
Napoleons große Liebe
it 24

Clemens Brentano:
Gockel Hinkel
Gackeleia it 47

Georg Büchner:
Der Hessische
Landbote it 51

Wilhelm Busch:
Kritisch -
Allzukritisches‹ it 52

Lewis Carroll:
Alice hinter den
Spiegeln it 97

Lewis Carroll:
Alice im Wunderland it 42

Miguel de Cervantes:
Don Quixote it 109

Adelbert von Chamisso:
Peter Schlemihls wunder-
same Geschichte it 27

Dante:
Die Göttliche
Komödie (2 Bände) it 94

Alphonse Daudet:
Tartarin von Tarascon it 84

Daniel Defoe:
Robinson Crusoe it 41

Denkspiele
Polnische Aphorismen it 76

Denis Diderot:
Die Nonne it 31

Der Familienschatz it 34

Die großen Detektive it 101

Eisherz und
Edeljaspis   it 123

Gustave Flaubert:
Ein schlichtes Herz   it 110

Caspar David Friedrich.
Auge und Landschaft   it 62

Manuel Gassers
Köchel-Verzeichnis   it 96

Geschichten der Liebe aus
1001 Nächten   it 38

Gespräche
mit Marx und Engels
it 19/20

Goethe:
Die Leiden des jungen
Werther   it 25

Goethe:
Die Wahlverwandt-
schaften   it 1

Goethe:
Faust (1. Teil)   it 50

Goethe:
Faust (2. Teil)   it 100

Goethe:
Reineke Fuchs   it 125

Goethe:
West-östlicher Divan   it 75

Johann Peter Hebel:
Kalendergeschichten   it 17

Heinrich Heine:
Buch der Lieder   it 33

Hermann Hesse:
Dank an Goethe   it 129

Hermann Hesse:
Kindheit des Zauberers   it 67

Hermann Hesse:
Leben und Werk
im Bild   it 36

Hermann Hesse:
Pictors
Verwandlungen   it 122

Hans Hillmann:
ABC-Geschichten
von Adam bis Zufall   it 99

Hölderlin-Chronik   it 83

Ricarda Huch:
Der Dreißigjährige
Krieg   it 22/23

J. P. Jacobsen:
Niels Lyhne   it 44

Kant-Brevier   it 61

Marie Luise Kaschnitz:
Eisbären   it 4

Erhart Kästner:
Die Lerchenschule   it 57

Erhart Kästner:
Die Stundentrommel
vom heiligen Berg
Athos   it 56

Erhart Kästner:
Griechische Inseln   it 118

Erhart Kästner:
Kreta it 117

Erhart Kästner:
Ölberge,
Weinberge it 55

Kinderheimat it 111

Kinder- und
Hausmärchen gesammelt
durch die Brüder Grimm
it 112/it 113/it 114

August Klingemann:
Nachtwachen von
Bonaventura it 89

Kropotkin:
Memoiren eines
Revolutionärs it 21

Choderlos de Laclos:
Schlimme
Liebschaften it 12

Das große Lalula it 91

Das Buch der Liebe it 82

Carl von Linné:
Lappländische Reise it 102

García Lorca:
Die dramatischen
Dichtungen it 3

Märchen deutscher
Dichter it 13

Wladimir Majakowski:
Werke I it 16
Werke II it 53
Werke III it 79

Guy de Maupassant:
Pariser Abenteuer it 106

Michelangelo:
Handzeichnungen
und Dichtungen it 147

Michelangelo:
Leben und Werk it 148

Minnesinger it 88

Mirabeau:
Der gelüftete Vorhang it 32

Eduard Mörike:
Die Historie von der
schönen Lau it 72

Guillermo Mordillo:
Das Giraffenbuch it 37

Guillermo Mordillo:
Das Giraffenbuch 2 it 71

Guillermo Mordillo:
Träumereien it 108

Christian Morgenstern:
Alle Galgenlieder it 6

Johann Karl August Musäus:
Rübezahl it 73

Mutter Gans it 28

Die Nibelungen it 14

Sulchan-Saba Orbeliani:
Die Weisheit der Lüge
it 81

Orbis Pictus it 9

Phaïcon 1 it 69

Polaris 1 it 30
Polaris 2 it 74

François Rabelais:
Gargantua und Pantagruel
(2 Bände) it 77

Rainer Maria Rilke:
Das Buch der Bilder it 26

Rainer Maria Rilke:
Duineser Elegien
Die Sonette an Orpheus
it 80

Rainer Maria Rilke:
Geschichten vom
lieben Gott it 43

Rainer Maria Rilke:
Neue Gedichte it 49

Rainer Maria Rilke:
Das Stunden-Buch it 2

Rainer Maria Rilke:
Ausgesetzt auf den Bergen
des Herzens it 98

Rainer Maria Rilke:
Wladimir, der Wolkenmaler
it 68

Rainer Maria Rilke:
Leben und Werk
im Bild it 35

Lou Andreas-
Salomé:
Lebensrückblick it 54

Wilhelm Schlote:
Das Elefantenbuch it 78

Wilhelm Schlote:
Fenstergeschichten it 103

Walter Schmögner:
Das Drachenbuch
it 10

Walter Schmögner:
Das unendliche Buch it 40

Gustav Schwab:
Sagen des klassischen
Altertums (3 Bände) **it 127**

William Shakespeare:
Sonette it 132

Sindbad der
Seefahrer it 90

Sophokles:
Antigone it 70

Sophokles:
König Ödipus it 15

Robert Louis Stevenson:
Die Schatzinsel it 65

Jonathan Swift:
Ein bescheidener
Vorschlag . . . it 131

Jonathan Swift:
Gullivers Reisen it 58

Tolstoj:
Die großen
Erzählungen it 18

Iwan Sergejewitsch
Turgenjew:
Väter und Söhne it 64

Mark Twain:
Huckleberry Finns
Abenteuer   it 126

Mark Twain:
Tom Sawyers
Abenteuer   it 93

Voltaire:
Candide   it 11

Voltaire:
Zadig   it 121

Richard Wagner:
Ausgewählte Schriften
it 66

Robert Walser:
Fritz Kochers Aufsätze   it 63

Das Weihnachtsbuch   it 46

Oscar Wilde:
Die Erzählungen und
Märchen   it 5

Oscar Wilde:
Salome   it 107

Heinrich Zimmer:
Yoga und Buddhismus
it 45

Zum Kinderbuch   it 92

it 122
Hermann Hesse
Piktors Verwandlungen
Farbige Faksimile-Reproduktion der Urschrift des von
Hesse eigenhändig illustrierten Märchens mit einem
Nachwort von Volker Michels

Im Herbst 1922, nach Beendigung seiner indischen Legende »Siddhartha«, hat Hermann Hesse ein Liebesmärchen geschrieben, das ganz aus seinen dazu angefertigten Bildern entstanden ist. Unser Band reproduziert mit zahlreichen farbig aquarellierten Illustrationen die Urschrift dieses Märchens, das Hesse der Mozart-Sängerin Ruth Wenger schenkte, die zwei Jahre später seine Frau wurde.

»Man darf das Piktor-Märchen als eine Huldigung an Mozarts ›Zauberflöte‹ ansprechen... Die Metamorphose, die Piktor durchzumachen hat, ist ganz und gar nicht ungefährlich. Es spielen dabei eigenwillige, seelen- und menschenbildende Kräfte mit, die reines dichterisches Schöpfungsgut sind. Das beweist auch der Stil dieses zum Gleichnis verdichteten Liebesmärchens, seine musikoffene Form, seine übermütige, in besonders glücklichen Momenten sich in wirkliche Reimpaare überschlagende Sprache, und das beweisen die vielen kühnen, mythologischen Anspielungen.« *Otto Basler*

it 123
Eisherz und Edeljaspis
Die Geschichte einer glücklichen Gattenwahl
Ein Roman aus der Ming-Zeit.
Aus dem Chinesischen übersetzt, mit Nachwort
und Anmerkungen versehen von Franz Kuhn.

Hao-ch'iu chuan (Glückliche Gattenwahl) ist ein anonymer chinesischer Roman des frühen 17. Jahrhunderts.

Er spielt in Hofkreisen der Ming-Dynastie (1368-1644). Im Sinne der konfuzianischen Moral preist er das pflichtgetreue Beamtentum und die Keuschheit. Er gehört zum Kanon der 10 Meisterbücher. Schon früh im Westen bekannt, versuchte sogar Schiller eine Nachdichtung. Goethe hat den Roman gelesen. Er sagt am 31. 1. 1827 zu Eckermann: »In diesen Tagen, seit ich Sie nicht gesehen, habe ich vieles und mancherlei gelesen, besonders auch einen chinesischen Roman... Es ist bei ihnen alles verständig, bürgerlich, ohne große Leidenschaft und poetischen Schwung und hat dadurch viel Ähnlichkeit mit meinem *Hermann und Dorothea* sowie mit den englischen Romanen des Richardson.«

it 124
Stendhal
Über die Liebe
Aus dem Französischen von W. Hoyer

Marie-Henri Beyles (1783-1842) Studie *Über die Liebe* stammt aus dem Jahr 1822, aus einer Zeit also, in der seine großen Romane wie *Rot und Schwarz* und *Die Kartause von Parma* noch nicht erschienen waren. Als Ganzes macht sein Werk den Eindruck eines großen Experiments. Haben ihm seine Romane auch Weltruhm eingebracht, so gehören doch seine Studien und kritischen Essays unmittelbar in das Bezugssystem seines Werks. Das eine ist ohne das andere nicht verständlich:
»In bestimmten Situationen des Lebens, die für Stendhal mit der Beharrlichkeit von Ursituationen wiederkehren, verfolgt er das Funktionieren des menschlichen Herzens und Geistes... Das vollständige Bild Stendhals ergibt sich in der Tat erst aus der Gesamtheit dessen, was er geschrieben hat.« *Hugo Friedrich*

it 125
Goethe
Reineke Fuchs
Mit Illustrationen von Kaulbach und einem Nachwort

Der *Reineke Fuchs* entstand Ende 1793 nach der Rückkehr von Valmy. Während der Belagerung von Mainz arbeitete Goethe an seiner Übertragung der Gottschedschen Prosa in klassische Hexameter. Zu den Vorlagen Goethes gehörten: der niederdeutsche *Reineke de vos* von 1498 und die Delfter Prosafassung von 1485, vor allem aber Gottscheds Übersetzung aus dem Jahre 1752.

»Man pflegt den *Reineke Fuchs* daher kaum als selbständige Dichtung Goethes anzuerkennen. Womit man unrecht tut, denn abgesehen von der mühelos fließenden Verssprache, die höchste Verskunst mit epischer Genauigkeit verbindet, präsentiert sich diese Fassung des Tierepos als authentisches Zeugnis Goethescher Anschauungen.« *Hans Mayer*

it 126
Mark Twain
Huckleberry Finns Abenteuer
Illustriert von Eberhard Binder
Mit einem Nachwort von Monika Plessner

»Einer der liebenswürdigsten Beiträge Amerikas zur Weltliteratur, *Huckleberry Finns Abenteuer* (1884) von Mark Twain (1835-1910), ist ein Kinderbuch ... Ein Roman, der zu den wenigen gehört, bei denen man über der Menschheit große Gegenstände lachen kann ... Das gilt besonders für den letzten Teil. Gerade ihn kann man jedoch, poetisch und als Moral von der Geschicht, nicht ernst genug nehmen. Und gerade er macht den Roman zu einem Märchen, einem Kinderbuch. Huckleberry Finn, der jugendliche Ich-Erzähler, sagt am

Schluß seiner abenteuerlichen Geschichte: ›Aber ich schätze, ich muß noch vor den anderen zum Indianerterritorium abrücken, weil mich Tante Sally adoptieren und zivilisieren will, und das halt ich nicht aus, ich hab's ja schon mal durchgemacht.‹« *Monika Plessner*

it 127
Gustav Schwab
Sagen des klassischen Altertums
Mit 96 Zeichnungen von John Flaxman
2 Bände

Das *Buch der schönsten Geschichten und Sagen* (1836f.) und die *Sagen des klassischen Altertums* (1838 bis 1840) machten den schwäbischen Theologen Gustav Schwab (1792-1850) weit über den Umkreis seiner schwäbischen Heimat hinaus bekannt. Er war ein gesuchter Gönner und Förderer junger Dichter, stand mit Chamisso, Uhland, Kerner, Pfizer, aber auch mit Goethe und Tieck in Verbindung. Das Überragende seiner Sammlung besteht darin, daß er es vermochte, die gesamte antike Mythologie und Sagenwelt zu einem einheitlichen Ganzen zu verweben. Heute, wo die antiken Quellen, aus denen er schöpfte, noch unzugänglicher sind als im 19. Jahrhundert, bietet sein Buch den ersten und oft auch einzigen Zugang zur Welt der Antike. Mit Recht zählen die *Sagen des klassischen Altertums* zum Grundstock jeder Jugendbibliothek.